J. M. Constant Leber, né à Orléans en 1780, mort le 2? Xbre 1859 — fit don de sa bibliothèque à la ville de Rouen moyennant 60.000, en 1838.

son principal ouvrage est la collection des meilleures dissertations, notices et traités particuliers relatifs à l'histoire de France. 1826-40. 20 vol. in 8.

PLAISANTES RECHERCHES

D'UN HOMME GRAVE

SUR UN FARCEUR.

ÉDITION TIRÉE A

35 exempl. sur pap. Jésus de Hollande,
15 exempl. grand colombier vélin,
 1 de couleur *tabarinique*.

———

EXEMPL. PAP.

N°

PLAISANTES RECHERCHES

D'UN HOMME GRAVE

SUR UN FARCEUR.

PROLOGUE TABARINIQUE,

POUR SERVIR

A L'HISTOIRE LITTÉRAIRE ET BOUFFONNE

DE TABARIN.

Bene vivere et lætari.

Par M. C. L.

PARIS.

DE L'IMPRIMERIE DE CRAPELET.
RUE DE VAUGIRARD, N° 9.
1835

INTRODUCTION. [1]

Iᴌ était une fois un jongleur qui s'appelait Tabarin.

Paris devint le théâtre de ses bouffonneries ; et depuis le Pont-Neuf jusqu'au Pré-aux-Clercs, il n'était bruit que de Tabarin.

On vit paraître, sous son nom, un petit Recueil de Drôleries, qui se vendait six sous tournois, et que nous payons aujourd'hui cinquante francs, par respect pour l'âge.... et pour les drôleries.

Car il y a plus de deux cents ans que

[1] En langue vulgaire, Pʀᴇ́ꜰᴀᴄᴇ.

Tabarin faisait gémir les presses des plus grosses cités du royaume.

On ne saurait dire au juste combien d'éditions de ses œuvres pourrirent dans les mains des laquais et des harangères, auxquelles elles étaient destinées. Quelques exemplaires, protégés par une fantaisie de bibliomanes, échappèrent aux souillures des halles et des antichambres. D'autres ne sont venus jusqu'à nous qu'après avoir subi les plus tristes conséquences de leur popularité. Mais, malgré la lèpre honteuse dont nous les vîmes couverts, il leur a suffi qu'un Simonnin, le thaumaturge des bouquins, n'ait pas un seul instant désespéré de leur salut, pour conserver tous leurs droits à nos plus tendres prédilections. Peu importe, d'ailleurs, le temps et le lieu de leur naissance ; quel qu'en soit l'éditeur ou le père, un peu plus, un peu moins complets, ils vont prendre place dans ces armoires ruineuses qui ne s'ouvrent que pour des dorures, des images ou des vieilleries. Ils ont pour eux l'autorité du *Manuel*, qui les recommande par cela seul qu'il en parle. Enfin, le livre est rare, cher, cité ; partant on le veut, bon ou mauvais, pourvu qu'il soit beau.

Voilà, à peu près, tout ce qu'on sait de Tabarin et de ses œuvres.

J'ai cru avoir quelque chose de plus à en dire.

J'ai fait sur ce sujet un autre petit livre,

qui n'est malheureusement ni vieux ni recrépi, mais dont la rareté originelle pourra lui tenir lieu de ces précieux avantages.

Il n'a été tiré qu'à 35 exemplaires; l'ouvrage n'est au fond qu'une bagatelle, et il coûte dix fois le prix d'un bon livre. Ou je me trompe fort, ou j'ai lu quelque part, dans *la Mode*, peut-être, que cette recommandation en vaut bien une autre.

PROLOGUE

TABARINIQUE,

POUR SERVIR

A L'HISTOIRE DE TABARIN

ET DES LIVRES PUBLIÉS SOUS SON NOM.

I.

BIOGRAPHIE.

L'ORIGINE de Tabarin est couverte de nuages si épais, les écrivains contemporains ont gardé un si dédaigneux silence sur cette illustration populaire, qu'on ne peut guère en commencer l'histoire que par une question assez humiliante pour la mémoire d'un grand homme. A-t-il existé un Tabarin? Il est vrai que la réponse ne se fait pas attendre : Oui, la France a possédé un farceur, mais non point un auteur, du nom de Tabarin. Cependant, nous avons déjà risqué une épithète qui semble repousser l'idée de bateleur. Est-ce qu'il peut y avoir quelque chóse de commun entre un farceur et un grand homme? Pourquoi non? Demandez plutôt à Peretti ou à Rabelais. [1]

Tabarin était un grand homme dans sa façon, un grand homme relativement au monde où il a brillé, et pour lequel la nature l'avait formé; il n'y avait de petit dans Tabarin que le cercle où il se mouvait : c'était un géant dans sa petite sphère. Un écrit de son siècle, et, pour ne rien céler, de son école, nous le représente « comme un des plus naïfs esprits qui « ayent esté de sa profession », comme un homme profondément versé dans la science d'Hippocrate et de Galien, un nouveau Raimond Lulle, un autre Paracelse [2], un génie au

[1] Le pape Sixte V se nommait *Félix Peretti.*

[2] *La Rencontre de Gautier Garguille avec Tabarin dans l'autre monde,* 1634.

petit pied. Cet hommage rendu à la merveille du Pont-Neuf nous paraîtra d'autant moins suspect qu'il appartient au jugement de la postérité. Combien il doit nous faire regretter la perte des Mémoires que les historiographes du *Royaume de la Bazoche* ou de l'*Empire de Galilée* n'ont pu manquer d'écrire pour servir à l'histoire de cet homme fameux! Le défaut de ces documens précieux nous laisse ignorer quelle était la patrie de Tabarin, à quelle époque il naquit ou vint s'établir en France, s'il était étranger, quel âge il avait quand son existence se révéla au peuple de Paris, et dans quel temps il cessa de vivre ou rentra dans le néant social d'où il était apparemment sorti. On peut supposer, d'après quelques passages de ses œuvres et des satires dont il fut l'objet [1], qu'il était

---

[1] Suivant la *Harangue faicte au Charlatan de la place Dauphine*, Tabarin aurait été un enfant gâté de la ville de Naples, d'où il aurait apporté en France

d'origine italienne; que son vrai nom s'ecrivait *Tabarini,* dont on fit Tabarin, et qu'il eut au moins cela de commun avec un autre grand homme de même lieu, *il signor Mazarini,* si connu sous le nom de Mazarin. On voit aussi, par la date de quelques pièces relatives à ce singulier personnage, que sa réputation éclata dans la cité vers la fin de 1618, ou au commencement de 1619. C'est à cette époque qu'il débuta sur son théâtre de la place Dauphine en qualité de farceur associé de M. de Montdor : des envieux ont dit en qualité de valet de Montdor [1], médecin ambulant, dont les faits et gestes sont devenus inséparables de la biogra-

sa drogue et le mal qu'elle guérissait ; mais cette pièce n'est rien moins que probante. On dit ailleurs « Que la race de Tabarin a tellement pullulé que la « France et l'*Italie* en sont pleines. » (*Descente aux Enfers,* 1621.)

[1] Nous lisons dans les pièces du temps, *Mondor, Montdor* et *Mont-d'Or.*

✗ A le malheur, Mazarin,
Au pays d'où vint Tabarin,
et tu peux trouver le nôtre
(La mazarinade par Scarron)

phie de Tabarin. Dans le langage vulgaire, qui n'est pas le plus obséquieux, M. de Montdor était tout simplement un charlatan renforcé, un vendeur de baume en plein vent ; et Tabarin un paillasse qui attirait les chalands par la parade qu'il jouait avec son compère, au son d'une viole et d'un rebec. La qualité de l'auditoire répondait à la popularité de l'acteur : des procureurs sans cause, de jeunes clercs échappés de leurs études, des rentiers qui n'avaient rien de mieux à faire, y occupaient, non les premières loges, car il n'y en avait qu'une qui était le théâtre, mais le haut du pavé ; et la tourbe des écoliers, des laquais, des chambrières et des filous, barbottait, ou suait, ou grelottait dans l'arrière-parterre, selon l'état du baromètre et le succès de la pièce qu'on avait l'honneur de représenter devant eux.

Tabarin n'était donc qu'un bateleur ? Oui, sans doute ; mais ce bateleur était né avec le génie de la farce. Il s'était créé un genre où il est demeuré modèle; il ne composait pas ses pièces, il faisait mieux, il les improvisait, ou du moins c'était à ses inspirations qu'on en devait les traits les plus originaux, nous ne disons point les plus délicats. Comme tous les hommes de génie, il tirait tout de lui-même, il faisait quelque chose de rien. Le mot le plus *laid* de notre Vocabulaire, sorti de la bouche de Tabarin, suffisait pour faire pouffer de rire ou apaiser toute une émeute. Jamais preux n'a mieux que lui justifié la devise d'une illustre maison; la sienne était *bene vivere,* et, suivant la meilleure leçon tabarinique, *bene bibere et lætari* [1]. Son manteau de *sessionnaire,* ou, pour parler plus clairement, deux aunes de serge à plis ramassés et jetées en forme de chaperon sur une épaule, faisaient toute sa magnificence théâtrale; c'était la pièce d'honneur de son ajustement [2].

[1] *Arrests admirables... du s^r Tabarin,* 1623, in-8°.

[2] *Voy.* l'estampe d'Ab. Bosse.

Du reste, un hoqueton de toile verte et jaune
retombant sur un pantalon large, de même
étoffe, flanqué d'une épée de bois; un morceau
de feutre gris, dont une main sortant de ce sac
pétrissait un chapeau; quelques planches ajus-
tées sur des tréteaux, avec trois lambeaux de
tapisseries, deux pour couper le vent, un troisième pour cacher le mur; enfin, quatre acces-
soires extra-bouffons pour les représentations
à grand spectacle, un empirique, un nègre,
un butor et une catin : voilà tons les moyens
de séduction que Tabarin employait pour charmer les regards des spectateurs. Il ne brillait
que par son propre mérite; bien loin en cela
des charlatans ordinaires, il plaisait franche-
ment, il n'éblouissait pas.

On a quelque raison de croire que sa femme,
Francisquine, dont la fille, mariée d'abord à
Gautier Garguille, épousa en secondes noces
un gentilhomme, figurait aussi dans ces farces
sous l'habit d'Arlequine. On n'est pas sûr que

ces deux époux fussent unis par des liens in-
dissolubles ; mais ici le sacrement ne fait rien à
l'affaire ; et si l'on ne craignait d'accueillir trop
légèrement des traditions douteuses, on pourrait aller jusqu'à convenir que Francisquine,
jeune et jolie, contribua par des talens de plus
d'un genre à l'illustration du théâtre et de la
cuisine de Tabarin. C'était un excellent ménage
que celui de Tabarin et de Francisquine, à
deux petits inconvéniens près : la femme aimait
les hommes, et le mari aimait le vin. On con-
cevra donc que le broc et les poulets musqués
leur faisaient faire d'assez mauvais repas dans
des momens d'humeur : c'est alors que, sans
quitter leur galetas, Tabarin et sa femme
jouaient, pour leur propre compte, *la farce
de Francisquine et Piphagne,* dont la péripétie
se déclare par un œil poché et des coups de
pied dans le ventre du héros de la pièce. [1]

[1] *Voy.* le *Recueil général des OEuvres.*

Il est juste de reconnaître que l'associé Montdor avait aussi son prix ; que c'était un bel
homme, de bonne mine, possédant bien le
jargon doctoral et les subtilités de son art, dont
la longue barbe et la robe flottante, quand elle
remplaçait l'habit court éblouissant de clin-
quant et d'oripeau, contrastaient merveilleuse-
ment avec la toile de Tabarin ; un compère qui
de la tête aux pieds valait mieux que sa drogue,
et à qui ses qualités extérieures suffisaient pour
la vendre aussi bien que le meilleur baume du
monde. Il avait pour concurrent un nommé
Désidério Des Combes ou Decombes, autre
empirique qui débitait aussi son orviétan sur un
théâtre dressé à l'entrée du Pont-Neuf et de la
rue Dauphine : celui-ci était laid, mal bâti,
plus lourd, et beaucoup moins suivi que
Montdor. Malheureusement pour tous deux, il
y avait à Paris, entre autres médecins, un docteur poète qui faisait une guerre cruelle aux
docteurs comédiens. Le propre d'un mérite su-

périeur qui se manifeste avec éclat est d'exciter
l'envie, et d'armer contre lui toutes les rivalités
intéressées à le méconnaître. Le médecin poète
attaqua Tabarin dans une satire contre les charlatans et les empiriques, libelle qui fut suivi de
la *Responce du sieur Tabarin au livre intitulé :
les Tromperies des Charlatans descouvertes.* Ces
écrits, publiés en 1619, sont les premiers qui
signalent la présence de Tabarin sur les rives de
la Seine. Sa réponse au pamphlet de Sonnet
de Courval nous apprend qu'à peine arrivé à
Paris, il s'empressa de demander la permission
des officiers du roi pour monter sur un théâtre
en place publique, *et qu'il eut des obligations
infinies à M. le lieutenant civil.* D'un autre côté,
dans l'Avertissement placé en tête des premières
éditions des *OEuvres*, de 1622, l'imprimeur
annonce aux lecteurs « qu'il y a trois ans qu'il
« leur auroit donné son livret, s'il ne les avoit
« vus aussi assidus aux leçons de Tabarin. »

C'est donc à la fin de 1618, ou au commence-

ment de 1619, qu'on peut rapporter l'établis-
sement de Tabarin à Paris. L'année suivante,
on lui donnait pour disciple *le secrétaire de la
faveur* [1]. Tabarin était déjà le farceur à la
mode; déjà son nom s'alliait à celui d'un mi-
nistre tout puissant, dans les pamphlets dirigés
contre les supériorités de l'époque. Ici on le
voyait aller de pair avec le connétable :

> « Ainsi qu'à la place Dauphine,
> « TABARIN prise son onguent,
> « Ainsi je prise l'ALUYNE [2]
> « Comme un pot-pourry excellent. »

Ailleurs, on lui faisait payer un peu cher l'hon-

[1] *L'ombre du marquis d'Ancre..., avec les admirables propriétés de l'absynthe, nommée des Es-
pagnols* ALOZNA..., *et des François l'*HERBE DE
L'ALUYNE; *le tout recueilly par un secrétaire de* LA
FAVEUR, *disciple de* TABARIN. 1620, *in*-8°. (Satire
contre le connétable de LUYNES.)

[2] Allusion au nom de LUYNES, *ib.*, p. 5.

neur du parallèle ; mais l'homme n'y était pour rien, on n'en voulait qu'à sa renommée. Les combats qu'il eut à soutenir, dans ces premiers temps, contre les ennemis de sa gloire, ne peuvent que la confirmer aux yeux de la postérité, puisqu'il est sorti vainqueur de cette lutte ; elle prouve, d'ailleurs, que son associé Montdor n'était pas un charlatan vulgaire. Ce n'est pas lui qu'on accusait d'avoir inventé *cent sortes d'onguens diaboliques, des huiles, eaux distillées, fards, cataplasmes, embrocations, bains et fomentations, pour conserver le teint.... estrecir le quilboquet ou l'enfer d'Alibec....*

> *Et rendre un cas aussi petit*
> *Qu'il estoit la première nuit.* [1]

Son baume, moins suspect, avait une destination plus élevée et des effets plus sûrs ; il était

[1] *Satyre contre les Charlatans et Pseudomédecins empyriques,* par Thomas Sonnet de Courval. *in*-8°, p. 122-23.

en rapport direct avec le siége de la raison
humaine. On le disait souverain contre la mi-
graine et les vertigots [1]. Un des principaux
griefs qu'opposaient à Montdor les poètes en
bonnets fourrés, c'était de vendre ses remèdes
sur un théâtre en plein vent [2] : s'ils l'eussent
tenu pour un opérateur de Grève ou de Pont-
Neuf, au lieu de lui reprocher ses tréteaux de
la place Dauphine, ils l'auraient renvoyé à Tabarin, ou plutôt ils n'auraient pas daigné s'en
occuper. Voyez comme *maistre Herpinot*, le
Caton des halles, relève le mérite de ces fidèles
associés, en feignant qu'un empirique de bas
étage osera se comparer à Tabarin et à Montdor. Il ordonne « que tout opérateur faisant
« profession de monter en théâtre sera tenu de

[1] *OEuvres de Tab., quest.* 49, *Ire partie,* Sommaville, 1622.

[2] Préface de l'*Inventaire universel,* Rocollet,
1622.

« faire expérience de ses drogues en public, ou
« se donnera un coup d'espée au travers du
« ventre sans se blesser; lavera ses mains de
« plomb fondu, après les avoir frottées de simples
« incompatibles (*sic*); mangera un crapaud à
« belles dents comme un hareng *sort;* et le len-
« demain, se présentant plus sain qu'un ladre,
« se donnera à tous les diables.... que ses valets
« en savent plus que *Tabarin*, *Mondor*, Barry,
« Descombes, Vaussard, Halary, Du Pont,
« Jean des Vignes, etc., etc. »[1]

Vaussard, Halary, Du Pont! Qui se rappelle
aujourd'hui ces célébrités empiriques du dix-
septième siècle; et dans quel coin de la France
ignore-t-on qu'il fut un *Tabarin?* A peine sa-
vons-nous que l'un de ses prédécesseurs, mar-
chand d'onguent pour la brûlure, se nommait

[1] *Statuts, Règles et Ordonnances de Herpinot
réformé, touchant la Conversation et Police humaine :* chap. des *Empiriques, in-8°,* vers 1624.

il signor Hieronimo. Malgré son riche équipage, sa chaîne supposée d'or, et le farceur Galinette qu'il avait loué à l'hôtel de Bourgogne [1], sa réputation ne s'étendit guère au-delà de l'enclos du Palais. La médiocrité *del signor Hieronimo* le mit à l'abri des tempêtes qui grondèrent, plus tard, sur la tête de son héritier ; mais le silence du mépris le tua sans que personne y fît attention, et le tua pour toujours. Tabarin, au contraire, avec plus de réputation et d'habileté, avait tout ce qu'il fallait pour faire naître l'orage et pour le conjurer. La renommée avait proclamé son nom dans tous les carrefours de Paris ; l'envie s'en empara pour le flétrir, mais l'envie en creva, et Tabarin en devint immortel.

Ce n'est qu'au commencement de 1622, après trois ans de bonne et de mauvaise fortune, que ce joyeux Esculape atteignit son plus haut de-

—————

[1] *Satyre contre les Charlatans,* pp. 101 et suiv.

gré de célébrité. Il paraît qu'à cette époque la favenr de la ville et de la cour lui était acquise sans réserve. Le peuple l'admirait ; les courtisans et les magistrats s'en amusaient ; et l'on entrevoit dans les causeries du temps, qu'il ne manquait à son spectacle que quelques loges grillées pour décider les femmes du plus haut parage à l'honorer de leur incognito. La place Dauphine ne suffisait plus aux curieux de tout âge et de toute condition qui allaient y chercher, non pas seulement de l'onguent pour la brûlure, mais le meilleur remède contre l'ennui et la mélancolie, que les docteurs en titre ne guérissaient pas. Un poète qu'on ne craignait pas d'opposer à l'auteur de *Phèdre* et d'*Athalie*, se vantait d'avoir vu deux portiers de l'hôtel de Bourgogne étouffés par la foule qui se portait à ses tragédies. Quel éloge serait digne de Tabarin, s'il fallait compter ses titres de gloire par les victimes de l'empressement qu'il excitait! On devine les raisons qui ne permettaient pas

d'étouffer les Suisses de son hôtel; mais, bon
Dieu! la foule en assommait bien d'autres avant
d'arriver jusqu'à lui! Le large et le bon ordre
n'étaient que pour les mauvais jours de la place
Dauphine. Quant aux grandes représentations,
qui avaient lieu le vendredi, il s'en donnait
peu qui ne coûtassent à quelques amateurs un
manteau, une bourse, un œil, trois ou quatre
dents, ou la liberté, ou même la vie. Nous en
trouvons la preuve dans certains registres de
greffe qui, sans être d'une authenticité incontestable, retracent au vrai les mœurs et la phy-
sionomie des disciples de Montdor et de Tabarin.
« Monsieur le lieutenant », criait d'une voix de
cygne maître Rossignol, procureur au petit criminel, « je plaide pour deux honnestes femmes,
« l'une vefve d'un savetier, l'autre femme d'un
« tailleur, qui ne vaut guère mieux; car son
« mari se meurt pource que vendredy dernier
« leurs maris, voulant prendre récréation à la
« farce de Mont-d'Or, où ils estoient allez ex-

« près, il intervint tumulte causé par quelques
« jurez de la courte espée, qui se trouvèrent à
« la presse saisis d'une bourse, lesquels voleurs
« estoient assistez de leurs compagnous, gens
« d'espée, exempts de la guerre, qui commen-
« cèrent à battre et frapper pesle-mesle, sans
« recognoistre; où le savetier fut tué et le tail-
« leur bien blessé, sans y comprendre plusieurs
« malcontens qui ont juré qu'ils en auront leur
« revanche. Or, monsieur, les pauvres femmes
« n'ont point de partie civile, car chacun s'en
« est enfuy.... » [1]

Cela se passait en 1622, et voilà comment
Tabarin était parvenu à l'apogée de sa gloire.

C'est aussi dans le même temps que, pour la
première fois, on pensa à recueillir tant de
joyeux propos jusque-là livrés au vent de la
place Dauphine, et qui n'avaient eu de reten-

---

[1] *Les grands Jours tenus à Paris, par M. Muet,
lieutenant du petit criminel*, 1622, *in-*8°, p. 23.

tissement que dans les échos du Palais et du
Pré-aux-Clercs. Alors on vit paraître, chez le
libraire Sommaville et chez son confrère Rocollet, ces thèses à la fois si grotesques et si
doctes, où l'on croit retrouver les combats du
sage aux prises avec l'esprit malin; ces fleurs
d'éloquence balsamique, ces piquantes gaillardises, ces mots étourdissans de naturel et de
naïveté, qu'on ne veut plus entendre en public,
mais qu'on lit encore sans témoins; ces rappro-
chemens singuliers, imprévus, inouïs, d'idées
qui ne se rencontrèrent jamais dans une tête
rassise, mais dont l'originalité, plus puissante
que la raison, triomphe de tout, même des ré-
pugnances du goût et du bon sens. Toutes ces
facéties rassemblées en un petit volume, d'abord
assez mince, formèrent ce qu'on appela *les
OEuvres et Fantaisies de Tabarin.*

La première publication des Questions tabariniques eut un tel succès, qu'on en fit quatre
éditions, pour le moins, dans les neuf derniers

mois de 1622; et cependant, au dire des com-
mères les mieux instruites des propos des ruelles
et de la nouvelle du jour, ce n'était rien de lire
Tabarin, il fallait le voir et l'entendre. « Avez-
« vous leu les Questions de Tabarin? » deman-
dait une *accouchée* à ses amies dans un *caque-
tage* fameux de l'époque : « Oui, madame, ré-
« pondoit la femme d'un secrétaire du roy; je
« les ai leues il n'y a pas un mois; mais je n'y
« prens pas beaucoup de plaisir, car l'on m'a
« dit qu'il y avoit bien à dire de ce que dit
« Tabarin, et de ce que l'on escrit sous son
« nom, et qu'il n'y a rien tel que de l'ouyr. —
« Vramy, madamoiselle, ajoutoit la femme d'un
« médecin, je l'ai ouy dire ainsi à mon mary;
« mais il trouve que Montd'or dit beaucoup
« confusément...... » [1]

[1] *La troisiesme après-disnée du Caquet de l'accouchée*, p. 10 de l'édit. originale (Paris), 1622,
*in-*8°.

On remarquera que c'était un médecin qui
trouvait cela ; il admirait le bouffon, et déchi-
rait le charlatan ; c'est tout simple, jalousie de
métier. Ce trait de vérité suffirait seul pour
justifier la liberté que nous prenons d'invoquer
l'autorité d'une facétie dans un pareil ouvrage.
Mais d'autres témoignages s'élèvent en faveur
du maître et du disciple. La poésie leur partage
également ses couronnes, et la médecine reste
seule de son avis contre Montdor.

> « Tout divertissement nous manque,
> « *Tabarin* ne va plus en banque,
> « L'hostel de Bourgogne est désert,
> « Chascun se tient clos et couvert. » [1]

Il est évident que l'absence de Tabarin met-
tait le deuil dans Lutèce ; qu'il y était devenu
un besoin pour le plaisir, comme Montdor en
était un pour la douleur :

[1] *Parnasse satyrique,* pièce de l'*Hiver,* p. 33 de
l'Elzev.

« Si l'on veut la mode imiter,

« Il faut pour habit inventer

« Se coiffer à la culebutte,

« Relever ses t..... en butte,

« Encore qu'ils fussent pendans

« Ou par l'aage ou par accidens :

« Que si l'on a les dents gastées,

« Faut les pomades fréquentées,

« L'opiate, le romarin

« Que l'on trouve chez *Tabarin.* » [1]

Les gens de goût se garderont bien d'opposer à ces vers le coup de boutoir de l'impitoyable Despréaux, reprochant à Molière d'avoir

« Quitté, pour le bouffon, l'agréable et le fin,

« Et sans honte à Térence allié *Tabarin.* » [2]

[1] *Pasquil de la cour, pour apprendre à discourir et à s'habiller à la mode,* 1622, in-8°, p. 6.

[2] *Art Poétique,* ch. III. — Tabarin est encore nommé dans le premier chant du même poëme :

« La licence à rimer alors n'eut plus de frein :

« Apollon travesti devint un *Tabarin.* »

(Vers contre Scarron)

Ils y trouveront, au contraire, la confirmation du fait que nous soutenons : Pour apprécier Tabarin, il fallait le voir et l'entendre; et Boileau, né en 1634, ne s'était jamais trouvé à pareille fête. Personne ne niera qu'il n'y ait plus d'exactitude et de justice dans la réflexion de l'abbé de Villiers, qui, en comparant des orateurs sacrés à notre baladin, reconnaît du moins l'empire que le talent de Tabarin exerçait sur le peuple :

« On en voit pour talent qui n'ayant que l'audace,
« Savent en *Tabarin* charmer la populace. » [1]

Tallemant des Réaux lui fait aussi l'honneur de le nommer après le fameux père André. Selon ce conteur, le bouffon de la chaire *avait dans la mine quelque chose* du bouffon du Pont-Neuf. [2]

[1] L'*Art de Prêcher*, poëme.
[2] *Historiettes*, t. III, p. 32.

Enfin, le bon La Fontaine, qui dans son
enfance [1] avait pu balbutier le nom de Tabarin,
jouissant encore de toute sa célébrité, La Fontaine ne nous en dit qu'un mot à l'occasion d'un
pourceau qu'on menait au marché; mais ce
mot-là seul est un portrait; il a tout le parfum
d'un souvenir récent et fidèle, toute la physio-
nomie du sujet.

« Dom pourceau crioit en chemin. »

Eh! pourquoi criait-il? parce que

« Le chartron n'avoit pas dessein
« De le mener voir *Tabarin.* » [2]

Pour un porc, c'était bien là le cas !

Ainsi, nous n'aurions aucune raison de sus-
pecter le témoignage des anciens éditeurs de
Tabarin, qui s'accordent tous à dire que leurs
copies sont loin, très loin de l'original, et qui

[1] Il naquit en 1621.
[2] *Fable* 12 du Liv. VIII.

rendent la même justice aux improvisations de
Montdor. La seule chose que le premier en date
demande à ses lecteurs, c'est « qu'ils ayent les
« vues aussi chastes, en lisant ces plaisanteries,
« que leurs oreilles ont esté pudiques à entendre
« l'original; et que le jugement qu'ils ont fait de
« Tabarin , en le voyant, soit le mesme qu'ils
« feront en le lisant. Que si ces discours pa-
« roissent trop libres, ajoute le même libraire,
« l'accusation en doit tomber, non *sur l'autheur*
« *qui les a transcripts,* mais sur *l'inventeur* qui
« les a espreints de l'esponge de son imagina-
« tion » [1]. Un autre nous prévient que, « parmi
« les gaillardises on trouve des préceptes sérieux,
« d'excellentes doctrines, mais non couchez en
« si bons termes que ceux de Montdor, ni tirez
« si au vif qu'il peut faire sur son théâtre ; car,
« comme il est unique qui peut assembler les

[1] *Avis de l'imprimeur* de l'édit. orig. du *Recueil,*
Sommaville (mars), 1622.

« parties d'une vraie éloquence, aussi est-il seul
« qui en peut faire un raccourcissement et en
« crayonner un pourtraict au vif. »[1]

Tabarin ni Montdor n'ont donc rien écrit de
ce que nous lisons dans les recueils divers de
leurs œuvres; mais tout l'esprit leur en appartient. Ce sont bien eux qui ont imaginé, pensé
ou inspiré tout ce qu'on leur fait dire : les au-
teurs des manuscrits publiés ne faisaient que
traduire librement ces originaux, de la langue
tabarinique en langue française, et plus d'un
bel esprit aspira à l'honneur de tenir la plume
sous la dictée de Tabarin. On voit, en effet,
que ces rédactions ne proviennent pas toutes
de la même main. L'auteur dont l'épître dédicatoire porte les initiales H. I. B., était un
homme blanchi par l'âge, que la nature avait

---

[1] *Épistre dédicatoire de l'autheur,* et *Avis de
l'imprimeur,* édit. originale de l'*Inventaire,* Rocollet, 1622.

pourvu d'un fonds de gaîté inépuisable, et qui
avait déjà fait ses preuves, comme on peut
croire. Outre l'Avis de l'imprimeur, qui excuse
cette vieillesse incorrigible, on lit, au verso du
titre du *Recueil* [1], le sixain suivant, qui a été
reproduit dans toutes les éditions de Sommaville :

Le Livre au Lecteur.

« Si un vieillard eut le courage
« De bastir ce plaisant ouvrage
« Pour s'esgayer en ses vieux ans,
« Ne t'estonnes point de son œuvre ;
« Ce n'est point son premier chef-d'œuvre,
« Il en a faict de plus plaisans. »

Une autre épître dédicatoire est signée A. G.
Comme elle appartient à l'*Inventaire universel*,
qui est différent du *Recueil général*, il y a tout
lieu de penser que ces deux livres ne sont pas
sortis de la même plume. Quels sont les noms

[1] Paris, Sommaville, 1622.

représentés par ces initiales? Nous l'ignorons.
Ce que nous croyons savoir, c'est que le malin
vieillard, quel qu'il puisse être, craignait fort
peu la concurrence de ses puînés, et que son
Recueil a constamment prévalu sur l'*Inventaire*,
dont on ne connaît qu'une réimpression.

Au reste, il ne s'agit ici que des *OEuvres*, qui
se composent principalement des *Questions* ou
facéties dialoguées. On a compris, en outre,
dans les divers recueils qu'on en a faits sous les
titres de *Rencontres, Inventions, Fantaisies,
Farces*, etc., des bouffonneries épisodiques réellement empruntées au répertoire de Tabarin,
ou conçues dans le même esprit et marquées
du même sceau de joyeuseté. Ces différentes
parties des œuvres peuvent donc être rapportées
à une source commune, sauf la distinction des
rédacteurs : mais il n'en est point ainsi des
pièces publiées séparément à l'occasion ou sous
le nom de Tabarin. On ne peut voir, dans la
plupart de ces facéties, que des imitations, ou

des produits de rivalités tabariniques ; aussi ne sont-elles jamais entrées dans la composition des œuvres, quoiqu'elles aient presque toutes paru avant les recueils ; et, à cet égard, on peut s'en rapporter aux éditeurs contemporains, qui savaient mieux que nous à quoi s'en tenir sur l'origine de ces pièces.

L'édition vraiment originale des Questions tabariniques, celle qui précéda toutes les publications collectives connues, même l'*Inventaire* de Rocollet, qui a passé jusqu'ici pour la première, est le *Recueil* donné par Antoine de Sommaville vers la fin de mars 1622. Le mois n'est pas indiqué, mais l'éditeur annonce qu'il imprime ces *Gaillardises* sous l'influence de *Caresme prenant;* c'est un plat de carnaval dont il veut régaler ses lecteurs. Or, le privilége est daté du 25 février, deux jours avant le mardi-gras de l'année 1622; d'où l'on peut inférer que le livre ne parut qu'après Pâques, qui tombait le 27 mars. Il fut promptement suivi, dans la même année, d'une seconde, et immédiatement après d'une troisième édition. L'*Inventaire*, qui contient des Questions différentes, fut aussi publié en 1622 ; mais le privilége n'étant que du 20 avril, il n'a pu paraître avant le recueil de Sommaville, dont l'édition originale doit être conséquemment la première de toutes les collections tabariniques, sauf la preuve contraire. La dernière dans l'ordre des éditions originales, comprenant les réimpressions augmentées de pièces inédites, est celle de Philippe Gaultier, Paris, 1625. Les éditions postérieures ne sont toutes que des réimpressions, plus ou moins exactes, de celles qui parurent entre ces deux époques.

Sans vouloir épuiser ici des détails bibliographiques qui ne seraient point à leur place, et sur lesquels nous reviendrons bientôt [1], nous ne pouvions omettre ces premières observations

---

[1] *Voyez* la partie Bibliographique ci-après.

dans l'histoire de Tabarin, parce qu'elles sup-
pléeront, jusqu'à un certain point, au silence
absolu des contemporains sur les destinées de
ce farceur depuis la fin de 1625.

Montdor avait déjà couru la province lorsqu'il vint s'essayer pour la première fois sur la
place Dauphine : on retrouve des traces de son
existence jusqu'en 1634 [1] ; mais alors son associé paraissait avoir été oublié. Comme aux
grands artistes de nos jours, il arrivait souvent
à Tabarin de faire des excursions dans les villes
voisines de la capitale; car enfin, le soleil luit
pour tout le monde, et les talens supérieurs
appartiennent à la nation qu'ils honorent et
qui s'en glorifie. Soit que, vers la fin de 1625,
Tabarin ait fait une absence dont la durée trop
prolongée aurait refroidi ses anciens admira-
teurs, et laissé le champ libre à d'autres fau-

[1] Plaincte portée au mois d'août 1634, *Registres
Mss. du parlement.*

taisies populaires, soit qu'une catastrophe plus
fâcheuse ait terminé ou flétri une si belle vie, toujours est-il vrai que, depuis cette époque, amies
et ennemies, toutes les plumes sont demeurées
muettes sur le sort de Tabarin. La présomption
la plus naturelle est qu'on n'a cessé de s'occuper de lui que lorsqu'il a cessé lui-même
d'exercer, ou son état de bateleur, ou son empire sur l'esprit du peuple qui avait fait sa réputation. Mais quelle que soit l'époque de sa
mort réelle, on peut la rapporter au temps où
il est rentré dans son obscurité primitive. Un
personnage de cette étoffe meurt avec sa vogue;
il est mort dès qu'on n'en parle plus. Et, en
effet, Tabarin n'a plus vécu, depuis 1626, que
dans les écrits publiés sous son nom, et dans
les traditions des carrefours et des boulevards,
qui subsistent encore. Bobèche fut un disciple
de Tabarin, quoique, suivant toute apparence,
il n'ait jamais connu ni les œuvres ni même le
nom de son maître. La pièce intitulée *Rencontre*

de Gautier Garguille avec Tabarin dans l'autre monde, imprimée en 1634, ne serait point un argument contre cette opinion. Elle a dû paraître à l'occasion de la mort de G. Garguille, gendre de Tabarin ; tout ce qu'on en pourrait inférer à l'égard du beau-père, c'est qu'il n'était plus de ce monde en 1634 ; et pourvu qu'on ne le tue pas avant 1626, nous le laisserons vivre après, tant qu'il plaira aux personnes mieux instruites que nous des circonstances de sa fin.

Quoi qu'il en soit, Tabarin est mort depuis deux siècles, et sa mémoire est encore vive dans l'esprit des bibliophiles ; son nom se lit dans les catalogues de nos plus riches bibliothèques : son livre, toujours recherché, toujours précieux par sa valeur vénale, conserve encore sa place, dans le sanctuaire de la gaie-science, entre le Pogge et Rabelais. Né pour le divertissement des antichambres et des guinguettes, il occupe aujourd'hui de plus nobles loisirs ; il a grandi avec le temps. Voilà des faits que les esprits les plus difficiles ne sauraient contester, et qui pourraient, au besoin, servir à la justification de cette histoire. Que si l'on demande comment il est possible que le goût de semblables *porcherie* se soit perpétué jusqu'à l'an de lumière 1835, chez la nation qui passe pour la plus spirituelle et la plus polie de l'Europe, nous répondrons qu'on ne doit pas qualifier Tabarin avec cet excès de sévérité, précisément parce qu'une nation spirituelle, polie, et juge irrécusable en matière de délicatesse et de goût, se trouve étroitement intéressée dans sa cause. Le livre qu'un peuple tel qu'on veut bien nous supposer, a réimprimé vingt fois pour son plaisir, et dont il s'est amusé pendant deux siècles, est apparemment un livre amusant. Or, si Tabarin est amusant, son éloge est fait, et nous n'avons plus rien à en dire.

Occupons-nous donc de ses Éditeurs.

II.
BIBLIOGRAPHIE.

TABLE GÉNÉRALE DES FACÉTIES

PUBLIÉES,

SOIT COLLECTIVEMENT, SOIT PARTIELLEMENT,

SOUS LE NOM DE TABARIN,

Depuis 1619 jusqu'en 1664, *sans répétitions.*

≈◉≈

PUBLICATIONS COLLECTIVES ORIGINALES.[1]

PREMIÈRE PUBLICATION COLL. *Sommaville*, fin de mars 1622, sous le titre de *Recueil général des* RENCONTRES, QUESTIONS....

1. — Épistre au sieur Tabarin.... signée H. I. B.
2. — L'Imprimeur au Lecteur. (Cette pièce et celle qui suit n'ont jamais été reproduites.)

[1] J'entends par là les éditions composées, en tout *ou en partie,* de pièces publiées pour la première fois.

3. — Ode sur les Rencontres tabariniques.

4. — A MM. les disciples et sectateurs ordinaires de la philosophie de Tabarin, docteur régent, à Paris, en l'Université de l'isle du Palais.

5. — Privilége accordé à J. B. Chevrol le 7 février 1622, et déjà cédé (2 janvier) à Ant. de Sommaville.

6. — Approbation de MM. de l'hostel de Bourgongne, signée G. GARGUILLE, GROS GUILLAUME.

....Préface en 2 chapitres ; le premier intitulé : *De l'étymologie et antiquité du Nom de Tabarin ;* l'autre : *De l'antiquité du Chapeau de Tabarin.* (Ces deux chapitres se trouvent, à la fin, dans les recueils en deux parties.)

....Ensuite, 55 Questions tabariniques, dont 3 n'ont plus reparu dans les recueils en deux parties. Ce sont les numéros suivans :

7. — { Questions. {

8. — Quel est le plus honneste du cul d'un gentilhomme ou du cul d'un paysant ? (La plus sale du recueil.)

20. — Pour quelle raison est-ce que les femmes portent ordinairement des croix pendues en leur col ? (Supprimée comme impie, ainsi que la question suivante.)

52. — Pourquoi ne voyez-vous jamais femme ni fille qui responde aux prestres quand ils célèbrent le service divin ?

8. — Sixain commençant par ce vers :

Ainsi Tabarin devisoit.

Toutes ces pièces, y compris le titre, forment 108 feuillets *in*-12.

Seconde Publication coll. *Rocollet*, 1622
(postérieurement au mois de mars).

Inventaire universel.....

9. — Épistre dédicatoire à M. de Montdor, signée
     A. G. (Les pièces liminaires de ce recueil
     sont différentes des pièces analogues de la
     première publication.)

10. — Sonnet à M. de Montdor.

11. — A MM. les escoliers jurez de l'Université
      de la place Dauphine.

12. — L'Imprimeur aux Lecteurs.

13. — Table des Fantaisies, Dialogues, etc.

14. — Privilége donné à Rocollet le 20 avril
      1622, et cédé à Estoc.

15. — Préface servant d'Avertissement. (Où
      Montdor se justifie de vendre ses remèdes sur
      une place publique.)

16. — Apologie pour le sieur de Montdor, et Res-
      ponce à quelques envieux. (Formant le
      second chapitre de la Préface.)

17. — *Inventaire universel de toutes les Fantaisies, Dialogues, Paradoxes, Gaillardises, Rencontres et Conceptions de Tabarin.* Sous ce titre sont comprises :

64 Questions, qui paraissaient alors pour la première fois, et dont aucune n'a été reproduite dans d'autres recueils :

La première est : *Quelle est l'herbe la plus mauvaise qui soit en la nature ?*

La vingtième : *Quel est le meilleur juge de l'homme ou de la femme ?*

La dernière : *Pourquoi les femmes n'usent point tant d'habits ni tant de souliers que les hommes ?*

18. — Farces tabariniques. Deux : la première, des *Amours de Piphagne et de Lucas;* l'autre, des *Amours de Francisquine, femme de Tabarin,* avec *Piphagne et Lucas.* (Ces deux farces se retrouvent dans les publications suivantes, mais non pas telles qu'elles sont ici.)

En tout 121 feuillets *in-12.*

TROISIÈME PUBLICATION COLL. *Sommaville*, 1622. *Recueil général des* RENCONTRES, QUESTIONS.....

19. — Le Livre au Lecteur, sixain commençant par ce vers :

> Si un vieillard eut le courage.

.... Les articles 1, 4, 5, 6, et la Préface, en 2 chap., de la première publication.

20. — Sous le titre de *Recueil général des Rencontres, Demandes et Responces tabariniques*....

62 Questions formant la première série de celles qui ont paru depuis en 2 parties, intitulées : *Recueil général des OEuvres et Fantaisies*....

La première est : *Comme on connoît les maladies*.

La dix-septième : *En quelle partie du corps est la peau la plus dure ?*

La soixante-deuxième : *Quel est l'animal le moins glorieux ?*

Ce recueil est une réimpression augmentée et *purgée* de la première édition, *Sommaville*, fin de mars 1622. Il comprend les 55 Questions de cette première édition, plus 8 nouvelles Questions, moins le n° 8 de cette même édition originale, qui n'a plus reparu nulle part (*Voyez* l'art. 7 ci-dessus). Entre autres inexactitudes de chiffres, on trouve 53 pour 63, dernière Question, et il faut lire 62, parce que le chiffre 60 est omis.

....A la fin, le Sixain art. 8 de la première publication, qu'on ne retrouve plus dans les éditions postérieures en 2 parties.

En tout 94 feuillets *in*-12.

Quatrième Publication coll. *Sommaville*, 1623. *Recueil général des* OEuvres *et* Fantaisies *de Tabarin, divisé en deux parties.*

21. — (Outre les articles 19 et 20 de la troisième publication, moins les deux Questious 20 et 52 de l'art. 7, supprimées, et le Sixain art. 8.)

Seconde partie des Questions et Rencontres de Tabarin. Ces Questions sont au nombre de 26 , quoique la dernière porte le chiffre 23 , parce qu'il y a des chiffres répétés.

La première est : *Qui sont ceux qui font la pire fortune ?*

La douzième : *Qui sont les meilleurs tripotiers de France ?*

La dernière : *Qu'est-ce qui a de meilleures in-telligences, au débit de la marchandise, de l'homme ou de la femme ?*

Préambules :

22. — Premier préambule , le Testament de Tabarin.

23. — Deuxième préambule, Procès gagné sans
dépens.

24. — Troisième préambule, Subtilité de Tabarin.

25. — Fantaisies tabarinesques : De l'étymologie et
antiquité du Nom et du Chapeau de Tabarin.

26. — *Les Rencontres, Fantaisies et Coqs-à-l'asne
facétieux du Baron de Grattelard, tenant sa
classe ordinaire au bout du Pont-Neuf; ses
Gaillardises admirables , ses Conceptions
inouyes et ses Farces joviales.* Paris, Ant.
Sommaville, 1623. (Autre pagination.) A la
fin de ces *Rencontres* se trouve la Farce suivante, que je n'ai point vue ailleurs. Le corps
principal de la pièce de Grattelard se compose de 14 *Questions*, précédées d'une Épistre
de *Julien Trostole* à **M**. *Descombes* , et d'un
Avis de l'Imprimeur au Lecteur. .

27. — La Farce des Bossus, partie de la pièce
précédente.

On lit à la fin : « Achevé d'imprimer le 12 dé-
cembre 1623. »

En tout 176 feuillets *in-12*.

———

Cinquième Publication coll. *Sommaville*,
1623-24. *Recueil général des* OEuvres
et Fantaisies.... *en deux parties*.

....(Outre le contenu de la quatrième publication, moins le *Baron de Grattelard*.)

28. — *Farces tabariniques non encore vues ni imprimées*, savoir : la Farce des Amours de
Piphagne avec Isabelle et de Lucas avec
Francisquine, et celle de Rodomont, Tabarin et Lucas, précédées d'Argumens. (Ces
deux Farces sont entièrement différentes
de celles de l'art. 18, seconde publication
collective ; elles paraissent, je crois, ici pour

ia première fois. Cependant , je n'oserais
assurer qu'elles ne se trouvent dans aucun
exemplaire de l'édition précédente; ce dont
je suis certain , c'est qu'elles n'existent point
dans le mien , que je n'ai aucune raison de
présumer incomplet.)

SIXIÈME ET DERNIÈRE PUBLICATION COLL. *Phil.
Gaultier*, 1625. *Recueil général des
OEuvres.....*, comme ci-dessus.

.... (Outre le contenu de la cinquième publication collective.)

29. — *Les Adventures et Amours du capitaine
Rodomont ; les rares Beautés d'Isabelle , et
les Inventions folastres de Tabarin , faictes
depuis son départ de Paris jusqu'à son retour.*
Épître au Lecteur.— Privilége donné à Philippe
Gaultier le 16 avril 1625. — *La Descente de
Tabarin aux Enfers* forme les livres VII et

viii (les derniers) des Aventures de Rodomont.

Cette pièce, dont j'indique ici l'édition originale, est la dernière de toutes celles qui sont
entrées dans la collection des OEuvres tabariniques.

En tout 174 feuillets *in-*12.

PUBLICATIONS PARTIELLES,

OU

PIÈCES FACÉTIEUSES

PUBLIÉES SÉPARÉMENT

SOUS LE NOM OU A L'OCCASION DE TABARIN,

Et non comprises dans les publications collectives.

————

1. — (La satire à laquelle répond la pièce 3 ci-
après.)

2. — Discours de l'origine des mœurs, fraudes
et impostures des Charlatans, avec leur dé-
couverte; dédié à Tabarin et Désidério de
Combes, par J. D. P. M. O. D. R. Paris,
1622, petit *in-8°*.

3. — Response du sieur Tabarin au livre intitulé :
les Tromperies des Charlatans descouvertes.
(Paris), 1619, petit *in-8°*.

4. — Bon jour et bon an, à messieurs les Cor-

uards de Paris et de Lyon ; avec les priviléges de la grande confrérie des Jans. Ceux
qui sont morveux se mouchent. Par le sieur
Tabarin. Lyon , jouxte la copie imp. à Paris,
1620, *in*-8° de **8** feuillets : deux figures en
bois sur le titre.

5. — **Les Estreines universelles de Tabarin** pour
l'an 1621, à toutes sortes d'estatz, suivant
le temps qui court, euvoyées en poste de
par delà le soleil couchant. Rouen, s. d.,
ou Paris.

6. — **La Descente de Tabarin** aux enfers, avec
les réceptions qu'il y fit de son médicament
pour la bruslure, durant ce caresme dernier,
et l'heureuse rencontre de Fritalin à son retour. Paris, 1621, petit *in*-8° de 8 feuillets.

7. — **Les fantaisies plaisantes et facétieuses du
Chapeau de Tabarin.** Paris, chez Jean Houdenc, s. d., petit *in*-8° de 8 feuillets : figure
du chapeau sur le titre.

8. — **Harangue faicte au Charlatau de la place**

Dauphine, à la descente de son théâtre. Par un de nos François : avec une salade envoyée au dit charlatan, par le capitaine La Roche, apotiquaire luquois, pour la guérison de sa maladie neapolitaine. Paris, pour le capitaine La Roche, apotiquaire, s. d. (vers 1621) : 7 feuillets *in*-8°, *en vers*.

9. — La Querelle arrivée entre le sieur Tabarin et Francisquine sa femme, à cause de son mauvais mesnage, avec la sentence de séparation contr'eux rendue pour ce subjet. Paris, Jean Houdenc, jouxte la copie imprimée à Nancy, par Jacob Garnikh, 1622, petit *in*-8° de 7 feuillets. (La même que la *Querelle de Garguille*. Voy. ci-après.)

10. — Les Amours de Tabarin et d'Isabelle. Paris, Pierre Des Hayes, 1621, *en vers*.

11. — Le Procez, Plaintes et Informations d'un moulin à vent de la porte Saint-Anthoine, contre le sieur Tabarin, touchant son habillement de toile neuve, intenté par devant

messieurs les meusniers du faux - bourg
Saint-Martin; avec l'arrest desdits meusniers, prononcé en jaquette blanche :

> Riez devant que de le lire,
> Car il y a bien à rire.

Paris, chez Lucas le Gaillard, rue des Farces, à l'enseigne de la Naïveté, 1622, petit
in-8° de 8 feuillets.

12. — L'Adieu de Tabarin au peuple de Paris,
avec les regrets des bons morceaux et du
bon vin, adressez aux artisans de la gueule
et supposts de Bacchus. Paris, Pierre Rocollet, 1623, avec privilége : 8 feuillets pet.
in-8°.

13. — Les Arrests admirables et authentiques du
sieur Tabarin, prononcez en la place Dauphine, le 14ᵉ jour de ce présent mois. Discours rempli des plus plaisantes joyeusetez
qui puissent sortir de l'escarcelle imaginative du sieur Tabarin. Paris, chez Lucas

Joffu (*sic*), rue des Farces, à l'enseigne de
la Bouteille, 1623.

14. — L'Almanach prophétique du sieur Tabarin pour l'année 1623, avec les Prédictions
admirables sur chaque mois de ladite année. Le tout diligemment calculé sur son
éphéméride de la place Dauphine. Paris,
René Bretet, 1622, pet. *in-*8°. de 8 feuillets.

15. — Les Estreunes admirables du sieur Tabarin, présentées à MM. les Parisiens, en
1623. Paris, Joufflu, pet. *in-*8°.

16. — La Rencontre de Gaultier Garguille avec
Tabarin en l'autre monde, et les Entretiens
qu'ils ont eus dans les Champs-Élysées sur
les nouveautez de ce temps. Paris, 1634.

C'est tout ce que j'ai pu découvrir de pièces
tabariniques publiées séparément dans les six ou
sept années de la vogue de Tabarin. Sur 16 que
comprend cette liste, j'en possède 13 dont je puis
répondre. Les 3 autres ne me sont connues que

par des indications de bibliographie, qui n'établissent que des présomptions d'existence, et qui peuvent être surabondantes, comme elles peuvent être incomplètes. Il y a tant d'inconnus dans le peuple des livres !

Ainsi, pour composer un *Tabarin complet*, il faudrait réunir toutes les parties chiffrées dans la table ci-dessus, qui sont au nombre de 29, plus 16, total 45.

Je ne connais qu'un moyen de se procurer les facéties détachées, et malheureusement ce moyen n'est ni simple ni expéditif. C'est d'acheter les pièces une à une, quand on les trouve; de se résigner à ne jamais les posséder toutes; et de consacrer cinq ou six cents francs à la composition d'un mince portefeuille petit in-8°, qu'on remplira, *peut-être*, dans l'espace de vingt ou trente années.

J'en suis désolé pour ceux qui ne savent point

attendre; mais je dois ajouter que le plus grand
nombre de ces pièces ne seraient que des hors-
d'œuvre dans une collection purement tabarinique. On en jugera par les observations suivantes :

1. — *Les Tromperies des Charlatans descouvertes*,
    1619, n'ont point été faites pour Tabarin.
    C'est un extrait de la déclamation de Sonnet
    de Courval, intitulée : *Satyre contre les Char-*
    latans et Pseudomédecins empyriques, etc.,
    qui parut en 1610, à Paris, chez Milot,
    in-8°.
2. — *Le Discours de l'Origine des Mœurs, Fraudes*
    et Impostures des Charlatans..., 1622, pour-
    rait bien n'être aussi qu'un nouvel extrait de
    la même *Satyre*, ou tout simplement une
    réimpression de la pièce de 1619; mais je
    n'ai pas de certitude à cet égard.
3. — *Responce de Tabarin au libelle des Trompe-*
    ries des Charlatans, 1619. Je ne connais de

cette pièce que le titre; conséquemment, je ne la connais pas.

4. — *Bon jour, bon an à MM. les Cornards....*, 1620. Cette facétie a un parfum tabarinique qui peut la faire considérer comme un enfant d'adoption de notre maître en fait de bouffonneries.

C'est ici le lieu de faire observer que l'*Ombre du marquis d'Ancre à la France...*, par un disciple de *Tabarin*, est une satire purement politique contre le connétable de Luynes, et que cette pièce ne peut entrer à aucun titre dans une collection tabarinique.

5. — Les *Estrennes universelles....*, 1621 (ou fin de 1620), sont des jeux d'esprit renouvelés de la Couarderie neustrienne. On reconnaît le modèle de cette joyeuseté à la fin du *Triomphe de l'abbaye des Conards....*, Rouen, 1587, sous le titre de *Blanque de plusieurs pièces excellentes et rares, trouvées*

dedans les vieilles armoires de l'abbaye, *et addirez depuis le temps de Noé :* par exemple : la Massue avec laquelle Hercule tua l'hydre de Lerne, le Poignard de Lucrèce, la Mâchoire d'âne de Samson, la Feuille de figuier dont Ève couvrait sa nudité, et autres raretés de cet ordre. L'invention est drôle, mais elle n'appartient ni à Tabarin, ni, peut-être, aux Conards du seizième siècle.

6. — *La Descente de Tabarin aux Enfers....*, 1621, est un conte tout différent de ce qu'on a imprimé, sous pareil titre, non dans les *Recueils* de 1623, comme l'annonce l'auteur des *Nouvelles recherches*, mais dans les *Aventures de Rodomont*. Paris, Gaultier, 1625. La même observation s'applique à la pièce séparée des

7. — *Fantaisies du Chapeau de Tabarin*, qui n'est pas le *Chapeau des OEuvres*. L'indication contraire de M. Brunet serait donc une erreur à rectifier.

8. — *La Harangue au Charlatan de la place Dau-*
phine n'appartient pas à l'époque de Tabarin, pas même au temps de la place Dauphine, qui fut construite à la fin du règne
de Henri IV, et tira son nom du jeune dau-
phin, depuis Louis XIII. On croit reconnaître dans ces vers licencieux une satire
lancée en 1585 contre l'arlequin de l'hôtel
de Bourgogne, par suite de *l'Enfer de la mère*
Cardine de 1583. Il a suffi, en 1620 ou 21,
de les mettre à l'adresse du charlatan de la
place Dauphine, pour leur donner une couleur tabarinique. Les nouveautés de cette
étoffe ont toujours été et sont encore plus
communes qu'on ne pense.

9. — C'est ainsi que *la Querelle arrivée entre Ta-*
barin et Francisquine sa femme...., 1622, a
été mise plus tard sur le compte de *Gaultier*
Garguille et de Perrine [1], si toutefois le nom

---

[1] *La Querelle de Gaultier Garguille et de Per-*

de Garguille n'a pas précédé, dans cette facétie, celui de Tabarin; ce qui me paraît
douteux. La vérité est que les deux préten-
dues querelles de ces messieurs avec ces
dames n'en font qu'une sous des noms différens. Quant à l'origine de cette farce, elle
ne saurait être attribuée aux acteurs qui en
font les frais. On doit penser que Tabarin,
pas plus que Garguille, n'était d'humeur à
s'immoler honteusement à la risée du public ;
ce n'était pas là sa manière de le faire rire ;
il n'entendait pas l'amuser à ses dépens.

10. — *Les Amours de Tabarin et d'Isabelle....,*
1621, sont comme une perle dans le fumier
de la place Dauphine. On est tout surpris
d'y trouver un petit poëme régulier, rempli
de traits spirituels, gracieux, délicats, et

*rine, avec la sentence de séparation entre eux
rendue.* A Vaugirart, par *a é i o u*, à l'enseigne des
Trois Raves.

qui ressemble à une invention tabarinique
comme *Piphagne* au *Misanthrope.*

11. — *Le Procès intenté par un moulin à vent,*
1622, pourrait bien venir de Tabarin. L'ar-
rêt lui donne gain de cause contre les meu-
niers, qu'il n'épargnait pas dans ses quo-
libets.

12. — *L'Adieu de Tabarin au peuple de Paris*
semblerait être aussi un produit de la place
Dauphine. Le nom de Rocollet, et son privilége imprimé à la fin de la pièce, donnent
à cette facétie une sorte d'authenticité qu'il
n'est guère possible de méconnaître.

13. — Il n'en est pas ainsi des *Arrests admirables....,* 1623, malgré le titre qui les fait
sortir de l'escarcelle imaginative de Tabarin. On retrouve les mêmes plaisanteries sur
les métiers dans les *Statuts d'Herpinot réformé;* et ce n'est pas tout ; l'Admirable
nouveauté de 1623 n'est qu'une copie, à peu
près littérale, de l'*Almanach prophétique,*

publié au même nom en 1622. Voilà juste-
ment pourquoi cette pièce se trouve répétée,
sous deux titres différens, dans le dernier
volume d'une collection récente de Facéties,
qui est, d'ailleurs, curieuse et bien exécutée.

14. — L'*Almanach prophétique du sieur Tabarin
pour l'année* 1623. Paris, 1622. On sait déjà
que cette bouffonnerie formerait double em-
ploi avec la précédente. On entrevoit aussi
que plus d'un mauvais plaisant de l'époque
aurait pu revendiquer son lambeau de cette
rapsodie prétendue tabarinique : c'est Paillasse en habit d'Arlequin.

15. — *Les Estrennes admirables...*, 1623. Il n'y a
rien dans ces quelques pages, assez plaisantes, qui empêche d'en faire honneur à
Tabarin, ou du moins à ses secrétaires
avoués.

16. — *La Rencontre de Gaultier Garguille avec
Tabarin dans l'autre monde....*, 1634. Si la
Biographie qui forme la première moitié de

notre Prologue était exacte, la date seule de cette *Rencontre* prouverait qu'elle est loin de se rattacher aux productions tabariniques. Le dialogue porte principalement sur les modes parisiennes en 1634 ; il fait assez connaître que les beaux jours de la place Dauphine étaient passés depuis long-temps, qu'il n'y restait plus de Tabarin que son souvenir, et que Garguille lui-même était réellement allé rejoindre le beau-père dans l'autre vie. Cette pièce, sans être une autorité, pourrait, jusqu'à un certain point, servir à fixer l'époque de la naissance de Gaultier Garguille, et celle de sa mort, qui n'est révélée que par des facéties. Les recherches sur l'ancien théâtre nous apprennent que Garguille vécut soixante ans, et qu'il joua la comédie pendant quarante. De ces deux données, combinées avec celle que fournit la *Rencontre* en question, résulteraient ces trois autres faits, savoir : que Gaultier Gar-

guille est né en 1574, qu'il débuta en 1594,
et qu'il mourut en 1634.

———

Quant aux parties comprises dans les publica-
cations collectives, il suffira, pour les posséder
toutes, de réunir quatre exemplaires, produits
des quatre éditions ci-après décrites, ou des réimpressions équivalentes.

———

MODE DE COMPOSITION D'UNE COLLECTION INDIVI-
DUELLE COMPLÈTE DES OEUVRES DE TABARIN.

1. — L'édition originale du RECUEIL GÉNÉRAL
DES RENCONTRES, QUESTIONS, DEMANDES,
ET AUTRES OEUVRES TABARINIQUES. Paris,
Ant. de Sommaville (fin de mars), 1622.
(Première publication collective, nécessaire
pour la Question 8, et pour les pièces limi-
naires, qui n'ont été réimprimées dans aucun
autre recueil.)
Ou, à défaut de cette première édition, qui

est d'une grande rareté, *Recueil général des Rencontres, Questions, Demandes et autres OEuvres tabariniques, avec leurs Responses ; ensemble l'extraction de sa race et l'antiquité de son chapeau. OEuvre autant fertil en gaillardises que remply de subtilitez , composé en forme de dialogue entre Tabarin et son maistre. Troisiesme* (ou seconde) *édition, augmentée de plusieurs Questions* (mais diminuée de la huitième, qui donnait des nausées aux petites-maîtresses de la place Dauphine). Paris, Anthoine *de Sommaville,* 1622 , avec privilége : 94 feuillets *in-*12, contenant 63 Questions, précédées de l'*Origine de la race et du chapeau de Tabarin.*

Ou bien, la réimpression, moins ample, d'*Arras, Claude Breton,* 1624 : 82 feuillets *in-*12.

Ou bien, les réimpressions postérieures de *Lyon, Claude Armand,* 1625, ou *Cl. Fontaine,* 1632, *in-*12. Dans cette dernière, la Question 53 est chiffrée 50. Le n° 18 est à sa place, comme

dans les deux réimpressions précédentes ;
mais la fameuse Question 8 ne reparaît plus.

Ces diverses éditions du *Recueil général des
Rencontres*, Questions, Demandes *et autres
OEuvres*, ne contiennent que la première partie
de la publication de Sommaville : ce sont les
n°s 18 et 53 (du Recueil original), supprimés
dans toutes les autres éditions, et conservés.
dans celles-ci, qui les rendent nécessaires pour
la composition des OEuvres complètes.

2. — Inventaire universel des OEuvres de
Tabarin, *contenant ses Fantaisies, Dialogues, Paradoxes, Farces, Rencontres et
Conceptions. OEuvre excellent, où parmy les
subtilitez tabariniques on voit l'éloquente
doctrine du sieur de Mondor.* (Avec privilége.)
A Paris, chez Pierre *Rocollet* et Anthoine
Estoc, 1622, frontispice gravé et titre imprimé : 121 feuillets *in*-12.

(Ce titre, réduit à sa plus simple et plus exacte

expression, serait : *Recueil de Questions tabariniques, suivies de deux Farces : publication*
ENTIÈREMÉNT DIFFÉRENTE *du Recueil d'Ant.
Sommaville.* — *Voy.* les observations ci-
après.)

Ou bien, la réimpression de cet *Inventaire universel....,* sur *l'imprimé à Paris, chez Pierre
Rocollet,* 1623, frontispice gravé : 121 feuillets *in-*12. *206 ff.*

5. — RECUEIL GÉNÉRAL DES ŒUVRES ET FAN-
TAISIES DE TABARIN, *divisé en deux parties,
contenant ses Rencontres, Questions et Demandes facétieuses, avec leurs Responces ;
reveu et augmenté de nouveau.* Paris, Ant.
de Sommaville, 1623. (Et à la suite de la
seconde partie) : *les Rencontres, Fantaisies
et Coqs-à-l'asne facétieux du baron de Grattelard, tenant sa classe ordinaire au bout du
Pont-Neuf; ses Gaillardises admirables, ses
Conceptions inouyes et ses Farces joviales.*
Paris, *A. de Sommaville,* 1623, petite fig. sur

le titre, représentant le théâtre de Tabarin, commune aux deux ouvrages. En tout 176 feuillets *in-*12.

Ou bien, la réimpression du même *Recueil général*, par le même éditeur, avec les deux *Farces nouvelles de Piphagne et de Lucas;* mais sans le *Baron de Grattelard.* Paris, 1623-24, même vignette.

Ou bien, la réimpression de *Rouen, Nicolas Cabut,* 1624, même vignette; pourvu que le *Baron de Grattelard* s'y trouve.

Ou bien, celle de *Rouen, Ferrand,* 1637.

Ou mieux encore, la jolie réimpression de *La Haye,* sous les noms de *Rouen, L. Dumesnil,* 1664, petit *in-*12, où l'on trouve *Rodomont,* mais non le *Grattelard* annoncé dans le titre.

Ou bien alors, la pièce séparée de *Grattelard,* Paris, *Sommaville,* 1623; ou, au besoin, la réimpression de *Troyes, Oudot,* 1664; ou *Troyes, Garnier,* 1736, qui, réunie au recueil suivant, rendrait inutile celui de *Som-maville*, 1623, et ses descendans.

4. — Recueil général des OEuvres et Fan-taisies de Tabarin, *divisé en deux parties, contenant ses Rencontres, Questions et De-mandes facétieuses, avec leurs Responces. A cette sixiesme édition est adjoustée la deuxiesme partie des Questions et Farces non encore veues ni imprimées* (Copie exacte du titre, mais l'original est faux. *Voy*. les ob-servations ci-après). Paris, *Philippe Gaul-tier*, 1625. (Et à la suite de la seconde partie) : *les Adventures et Amours du capi-taine Rodomont ; les rates* (sic, *rares*) *Beautez d'Isabelle, et les Inventions folastres de Ta-barin, faictes depuis son départ de Paris jus-ques à son retour. OEuvre non moins récréatif que facétieux, non encor veu cy-devant.* Paris, *Phil. Gaultier*, 1625, privilége du 16 avril même année, jolie vignette au bas du titre. En tout 174 feuillets *in*-12.

Ou bien, enfin, la réimpression de *Rouen, David Geuffroy*, 1627, où se trouve le *Capitaine Rodomont*, quoique le titre ne l'annonce point.

Je néglige les autres réimpressions.

———

Il me reste à faire quelques observations de détail sur diverses parties des *OEuvres*, dont je n'ai donné jusqu'ici que le titre et la date.

I. C'est le hasard, comme il arrive toujours en pareille circonstance, qui m'a fait découvrir l'*édition originale de Paris, Ant. de Sommaville* (fin de mars), 1622, contenant les 55 premières Questions qui aient paru. Cet embryon n'avait point encore été signalé à l'attention des bibliophiles : on peut donc le supposer fort rare, et quoique ce soit le plus mince des recueils de son espèce, il a sur tous les autres un avantage incontestable, puisqu'il est l'unique sanctuaire où soit conservée la production la plus éminemment *tabarinique* : j'ai dit ailleurs la plus *ordurière* ; c'est tout un. *Voy.* la Question 8.

II. L'*Inventaire universel*, *Paris*, *Rocollet et A. Estoc*, 1622, est aussi une première édition, bien qu'elle n'ait paru qu'après la précédente : on en trouve un exemplaire sur dix du *Recueil général.* Mais le mérite de ce livret consiste bien moins dans sa rareté que dans sa nécessité, comme partie élémentaire des OEuvres complètes. Les Questions et les Farces dont il se compose n'ont de commun que le nom et l'esprit de Tabarin, avec ce que Sommaville a donné sous le titre de *Recueil général des OEuvres et Fantaisies.* C'est un livre tout particulier, un ouvrage à part, dont on ne connaît qu'une réimpression faite en 1623, et qui, depuis lors, paraît avoir été complétement oublié. Cependant il représente seul le tiers des Facéties tabariniques, et c'est une fraction qu'on ne peut négliger sans renoncer au tout. J'ignore pourquoi cette première suite de Questions a été exclue des collections postérieures; mais il est certain que celles qui ont paru l'année suivante, en deux parties, dans le *Recueil général* de Sommaville, sont de tout autres Questions, et que cette nouvelle publication a servi exclusivement de base à toutes les éditions qui se sont succédé depuis, sans excepter celle de Hollande, 1664.

L'INVENTAIRE et le RECUEIL ne sont donc pas, comme on l'a cru jusqu'ici, deux livres frères, mais deux publications rivales qui supposent deux propriétaires ou deux intérêts différens.

On voit, en effet, que le privilége de l'édition originale de l'*Inventaire* est daté du 20 avril 1622, et délivré au profit de *Rocollet*, libraire, qui déclare le céder à *Estoc :* ces deux noms figurent sur le titre. D'un autre côté, le privilége du *Recueil général des OEuvres*, imprimé par *Sommaville*, 1623-24, porte la date du 7 février même année 1622, et il est donné au bénéfice de J. Bap. *Chevrol*, qui le cède à *Sommaville* le 18 avril suivant. Cette circonstance-là seule suffirait pour écarter toute présomption d'identité, indépendamment de la comparaison matérielle des deux livres : il ne serait pas présumable qu'un même ouvrage eût fait l'objet de deux priviléges donnés en même temps à deux libraires différens, dont rien n'annonce l'association , et cédés à deux autres libraires de la même ville, pour en jouir, chacun dans son intérêt particulier. Il est évident , au contraire, que ces priviléges simultanés, dont l'un excluerait l'autre s'il s'agissait du même livre, s'appliquent à deux ouvrages, à deux droits dif- férens.

Ainsi, l'*Inventaire* de Rocollet, 1622 , est bien *une* première édition *de* Facéties tabariniques ; mais on ne peut pas dire, dans un sens absolu , que ce soit *la* première ou *l'*édition originale *des* Facéties , parce que ce serait supposer qu'elle est le noyau ou le germe de toutes les autres éditions tabariniques plus complexes ou plus amples, et la supposition porterait à faux. On n'a pas oublié , d'ailleurs, que le *Recueil* a devancé l'*Inventaire*

de quelques mois. M. Brunet, dans ses *Nouvelles
Recherches*, au mot TABARIN, se serait donc
trompé, si ce n'est en signalant le *Rocollet* de
1622 comme une première édition, sans la dis-
tinguer de sa rivale, du moins en donnant à entendre que le *Recueil général* ne diffère de l'*Inventaire* que par quelques changemens *dans le
contenu comme dans le titre* de l'ouvrage.

III. L'article TABARIN des *Nouvelles Recherches*
serait encore susceptible de modifications à d'autres
égards. L'édition originale de l'*Inventaire* y est
indiquée sous le titre ci-dessus rapporté, mais
avec l'addition suivante: *Ensemble les Rencontres,
Coqs-à-l'asne et Gaillardises du Baron de Grattelard.... in-*12 de 206 pp. Il y a ici erreur dans un
terme ou dans l'autre. Les Questions, plus les
Farces dont l'*Inventaire* se compose, occupent
206 pp., fait constant : dès-lors, ou l'édition
citée dans l'article dont il s'agit contient plus de
206 pp., ou elle ne contient pas le *Baron de
Grattelard*. Mais le titre l'annonce-t-il ? Mon

exemplaire est muet sur le *Baron*. Je conviens que les titres de ces sortes d'ouvrages sont de fort mauvais conseillers, et qu'un bibliographe, dont le devoir est d'étudier le livre et non l'ouvrage, ne peut guère éviter le piége qu'ils tendent à la bonne foi, quand ils n'insultent pas au simple bon sens. Voici une autre preuve de leur exactitude et de la conscience des éditeurs : Le titre du *Recueil général des OEuvres*, Gaultier, 1625, rapporté dans les *Nouvelles Recherches*, se termine ainsi : « A cette *sixiesme édition* est *adjoustée* la « *deuxiesme* partie des Questions et Farces *non* « *encore vues ny imprimées*.... » Eh bien! il n'y a rien de vrai dans tout cela. J'ouvre une autre édition du même Recueil, 1623, dont le titre, antérieur de deux années au précédent, dit exactement la même chose, sans compter les réimpressions qui ont pu être faites de 1623 à 1625. Si l'édition de 1623 était *sixième*, le chiffre de celle de 1625 devait être élevé d'une unité au moins. Concevra-t-on, d'ailleurs, que la seconde partie

des Questions et les Farces données au public
en 1623, aient pu n'avoir pas encore été vues en
1625? Si c'est là de la ruse, le public était un
grand sot ; mais Dieu me préserve d'en rien
croire ! Le sot, c'était l'imprimeur, qui copiait
littéralement le titre comme le texte du livre qu'il
réimprimait, sans s'occuper de ce qu'il annonçait,
ni apparemment de ce qu'il faisait. Il est constant,
malgré cette annonce, que l'édition de 1625 est
une copie littérale de celle de 1623-24, au *Ro-*
domont près, qui n'existait pas en 1623. Un titre
ne prouve donc rien.

IV. *Les Adventures du Capitaine Rodomont* parurent, pour la première fois, dans le recueil de
Gaultier, 1625 : le privilége est du 16 avril même
année. On ne joint donc pas le *Rodomont* à ce
recueil, suivant l'expression des *Nouvelles Re-*
cherches; on l'y trouve comme partie intégrante
de l'édition, ou l'exemplaire est incomplet.

M. Brunet fait observer, en outre, que les deux
parties du Gaultier *ne sont pas tout-à-fait sem-*

blables à celles de l'édition de 1623. Si cette assertion était exacte, mon analyse serait fausse; je
ne puis donc éviter de déclarer, pour ma propre
justification, que quelque soin que j'aie mis à
collationner, l'un sur l'autre, mes exemplaires des
deux éditions, je n'ai pu y reconnaître aucune
différence, excepté le *privilége*, qui appartient à
Gaultier, et le *Rodomont*, qui est hors de question.

V. Il est fait mention, dans les mêmes *Recherches*, d'un exemplaire de l'*Inventaire universel*,
réimprimé en 1623, qui aurait été vendu avec la
seconde partie. *Chardin*. Quelle seconde partie?
Est-ce une suite de Questions propres à ce livre,
comme celles de la première édition, 1622? Il
est bien plus vraisemblable que c'était *un exemplaire* accru de la seconde partie du *Recueil*
Sommaville. Telle est aussi l'opinion de M. Brunet, à qui j'en ai parlé, et dont les souvenirs
m'ont paru s'accorder avec ma supposition.

VI. Son article est parfaitement exact dans l'indication de l'édition de *Rouen, David Geuffroy*,

1627, copie de *Gaultier*, 1625, qui annonce *Grat-telard*, qu'elle ne donne pas, et qui donne *Rodo-mont*, qu'elle n'annonce point. C'est, pour le moins, une 8ᵉ ou 9ᵉ édition des *Questions et Farces....* NON ENCORE VUES, suivant le titre.

VII. Mais le savant bibliographe n'est pas aussi précis dans ses notes sur les éditions du *Recueil général des Rencontres, Questions, Demandes et autres OEuvres tabariniques.* Lyon, *Cl. Armand,* 1625, et *Cl. Fontaine,* 1632. La première de ces éditions n'est probablement, selon M. Brunet, qu'une première partie du *Recueil général des OEuvres.* Faute d'avoir connu l'édition originale de ce Recueil ¹, qui n'avait pas encore été remarquée, il n'a pu rien affirmer; mais il ne se trompe point dans sa conjecture. Les éditions de Lyon, 1625-32, sont bien des réimpressions litté-rales de la première partie du *Recueil de Som-maville ;* avec cette différence , néanmoins ,

¹ *Voy.* ci-dessus, 1ʳᵉ Publicat. coll., p. 35.

qu'ayant été faites sur l'une des éditions séparées de cette partie, intitulée *Recueil général des*
Rencontres '...., elles contiennent *les deux Ques*
tions impies, qui n'ont jamais reparu dans le
Recueil général du même Sommaville, en deux
parties.

VIII. J'ai déjà eu occasion de combattre l'assertion relative à l'identité supposée des pièces
séparées du *Chapeau* et de la *Descente aux En*
fers, avec les chapitres compris sous des titres
semblables dans les Recueils généraux. Ce sont
des rédactions, et même des thèmes tout différens les uns des autres.

IX. J'arrive à l'erreur la plus singulière de
l'auteur des *Nouvelles Recherches*. Je dis *singu*
lière, et non *grave ;* car il ne peut y avoir rien de
sérieux dans tout ceci.

M. Brunet cité d'abord, sans observation, *les*
Rencontres du baron de Grattelard.... Paris, de

' *Voy.* 3ᵉ Publicat. coll., p. 4o.

l'imprimerie de Julien Trostolle, s. d., 72 pp.
(vraisemblablement une édit. de 1623). Plus bas,
dans l'énumération des pièces séparées, il indique une autre édition de *Grattelard*, Troyes,
Garnier, s. d., petit *in*-12 de 18 feuillets. En-
suite une note ainsi conçue :

« Dans l'édition de Paris, Ant. de Rafflé, le
« titre porte, au lieu de *Farces joviales*, les mots
« *la Farce des Bossus*, auxquels le catal. de la
« Bibl. du Roi (Y. 2, 1305), ajoute : Donné par
« J. Trostelle, nom qu'on a déjà pu remarquer
« commé étant celui de l'imprimeur d'une édi-
« tion sans date qui se trouve jointe à *l'Inven-*
« *taire universel* de 1623. »

Ce n'est pas à un homme du mérite de l'auteur du MANUEL qu'il me siérait de reprocher de
pareilles minuties, et encore moins une erreur
étrangère à son propre jugement, dont il ne fe-
rait, tout au plus, que partager la solidarité. Je
lui envierais plutôt cette haute raison qui ne pou-
vait ni ne devait s'appliquer sérieusement à de

si petites choses. Cependant, me voilà engagé envers mes lecteurs, qui veulent savoir à quoi aboutit ma dernière remarque. Rien de plus juste ; il faut les satisfaire ; mais j'espère bien que M. Brunet sera le premier à rire de sa distraction.

D'abord, la farce qui termine *le Baron de Grattelard* est intitulée *Farce des Bossus*. Les principaux personnages sont, en effet, trois bossus : le titre de l'édition de *Rafflé* ne dit donc que ce qu'il doit dire. Celui du *Grattelard* de *Sommaville*, 1623, annonce bien des *farces joviales ;* mais le titre propre de la pièce est *Farce des Bossus*, dans *Sommaville* comme dans *Rafflé*.

En second lieu, le nom de *Trostelle*, qu'on lit dans le Catalogue du Roi, est une corruption de *Trostolle*. Enfin, c'est dans le *Recueil général*, et non dans *l'Inventaire universel* de 1623, que se trouve la pièce, qui, toutefois, a pu être ajoutée à *l'Inventaire*.

à la suite d'un ex. de l'éd.? de l'inventaire 1623 j'ai vu la rencontre le Grattelard impr. avec les mêmes caractères que l'inventaire.

Mais voici le point où ces riens pourraient sembler devenir.quelque chose.

Grattelard n'a pas plus été imprimé par *Tros-telle* que par *Trostolle*, nom d'un personnage de Farce, qu'une singulière préoccupation a fait prendre pour celui d'un imprimeur. *Julien Tros-tolle* est le héros de *la Farce des Bossus.* C'est le même masque qui, dans l'épître dédicatoire à M. Descombes, annonce que le baron de Gratte-lard l'est venu voir sous les chau... p.... (les auspices) de Descombes, et qu'il a traité avec lui pour l'impression de ses œuvres. *Trostolle* et *Grattelard* sont, comme on voit, sortis du même sac, du sac de Tabarin, ou plutôt de *Désidério Descombes,* autre vendeur d'orviétan, rival de Montdor, qui s'était décoré, lui ou son paillasse, du titre de *Baron de Grattelard.* Les frères Lot-tin se sont bien gardés d'enregistrer Trostolle dans leur livre. [1]

[1] *Catalogue chronologique des Libraires et des Libraires-Imprimeurs de Paris.* 1789.

Maintenant, qu'on ne me demande pas si toutes ces données sont complètes et rigoureusement exactes. Il n'y a rien de complet en bibliographie ; et, quant à l'exactitude des faits, tout ce que je puis dire, c'est que je n'ai rapporté que ce que j'ai vu et observé dans les pièces originales. Mais qui est-ce qui a tout vu!!

FIN.

9 782014 446111